# LE

# JUSTE MILIEU

## EN TOUTES CHOSES

## ET SURTOUT EN POLITIQUE.

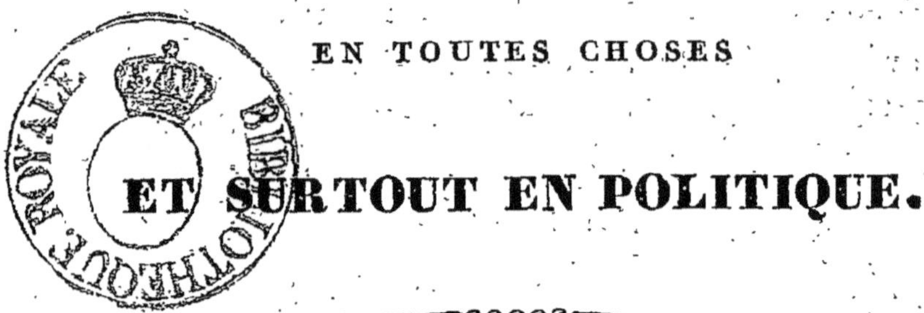

ME pardonnera-t-on d'aiguiser l'arme sévère du syllogisme, au lieu du trait plus acéré et plus convenable peut-être de l'épigramme, pour réfuter le raisonnement, aussi faux que spirituel, par lequel un illustre Général a paru réfuter lui-même le principe du *juste milieu*, raisonnement qui produit encore tous les jours son pernicieux effet, celui de faire rire aux dépens d'une vérité morale? Cet effet, contre l'intention probable de celui qui l'a causé, s'est propagé comme un incendie, qui ne continue ses ravages que parce que personne ne prend à tâche de l'éteindre. C'est pourtant une tâche facile à remplir, puisqu'il ne s'agit que de démontrer l'évidence au public, ainsi qu'au Général lui-



1852

même, trop éclairé pour la méconnaître, trop loyal pour la nier.

En opposant une vérité à une fausseté mathématique, pour chercher le *juste milieu* entre les deux, il n'a sans doute voulu que distraire, par la gaieté piquante d'une plaisanterie, la gravité habituelle de la Chambre. Cette plaisanterie, bonne ou mauvaise, a fait fortune : prenant dans sa bouche le caractère d'un argument sérieux, et appuyé de toute l'autorité de son nom, elle est devenue une arme tranchante entre les mains d'un parti habile à profiter de tout.

C'est ce qui me justifie d'avance du reproche auquel je m'expose en réfutant sérieusement un argument qui n'en est pas un. En effet, quand un fou soutient que 4 et 4 font 10 à celui qui prétend que 4 et 4 font 8, il n'y a pas deux opinions extrêmes entre lesquelles on puisse chercher le milieu. Une des deux est elle-même ce milieu ; l'autre, si l'on pouvait la considérer comme une opinion, serait celle d'un des deux extrêmes, qui consisteraient à prétendre d'un côté que 4 et 4 font 10 ; de l'autre, que 4 et 4 font 6 : la vérité serait le juste milieu entre ces deux erreurs.

Les faits, et surtout les faits arithmétiques ne sont pas du domaine de la controverse ; il ne peut y avoir deux opinions ni de milieu entre la démonstration mathématique d'une vérité de cette nature, et l'extravagance d'une assertion contraire, pas plus qu'entre un aveugle qui prétendrait que la neige est noire, et un clair-voyant qui soutiendrait qu'elle est blanche.

Toutefois dans les couleurs on peut chercher un juste milieu entre deux teintes, dont l'une serait trop éclatante et l'autre trop foncée, une teinte moyenne est alors le vrai milieu. Il en est de même des couleurs politiques qui tendraient, l'une à l'excès du pouvoir populaire, l'autre à celui du pouvoir monarchique : le *juste milieu* ou le terme moyen entre ces deux extrêmes se trouve dans la monarchie consti-tutionnelle, comme écartant tous les inconvéniens et réunissant tous les avantages de ces deux natures de gouvernement, surtout lorsque nous avons l'expérience acquise de ce juste milieu chez nos voisins et des deux extrêmes chez nous. De plus, le système légal qui existe, et qu'on a établi soi-même, est incontestablement le plus sage et le plus juste des milieux entre les deux systèmes, l'un révolutionnaire, l'autre contre-révolutionnaire, qu'on voudrait établir ou rétablir.

La préférence donnée au *juste milieu* en politique est donc, comme en toutes choses, le propre de la sagesse et de la vertu; car le milieu qui ne serait pas marqué à ce double coin ne serait pas le *juste milieu.* Il n'est tel qu'en s'éloignant également, à force de justice et de justesse, de tous les extrêmes.

C'est ce juste milieu qu'on appelle *moyenne proportionnelle* en mathématiques, *modération* en morale, et la modération fut dans tous les temps, comme chez tous les peuples, une de ces maximes qui n'ont jamais été ni contestées ni attaquées, sauf aux époques désastreuses où l'esprit de parti en a fait un titre de proscription. Plus ancienne que les partis, cette vérité fondamentale, cette vérité éternelle les a précédés tous, elle leur survivra. Horace, qui l'a proclamé dans ces beaux vers :

« In medio virtus, etc.
« Est modus in rebus, sunt certi denique fines
« Quos ultra citraque nequit consistere rectum. »

Ovide, qui exprime la même maxime dans cet autre vers :

« Inter utrumque tene : in medio tutissimus ibis. »

ne l'ont créée ni l'une ni l'autre. Ces illustres anciens la tenaient de plus anciens qu'eux, ils l'ont transmise à leurs descendans comme nous la transmettrons aux nôtres. Elle a duré, elle durera autant que le monde, sauf les courts intervalles pendant lesquels la voix de la raison a été ou sera étouffée par celle des factieux ; mais ils passeront, tandis que cette impérissable vérité franchira notre âge à travers leurs huées et s'assiéra sur leurs tombeaux. Elle survivra au héros des deux mondes lui-même. Aussi ancienne qu'eux, elle est aussi immortelle que lui ; elle est dans tous les cœurs vertueux, elle règne même dans toutes les classes de la société par ce proverbe devenu trivial à force d'être juste : *l'excès en tout est un défaut.*

Pour fortifier nos citations par la plus imposante des autorités modernes, voici comment s'exprime à ce sujet le grand Montesquieu. « Je le dis, et il me semble que je n'ai fait cet » ouvrage que pour le prouver : l'esprit de » modération doit être celui du législateur ; le » bien politique comme le bien moral se trouve » toujours entre deux limites. » (*Esprit des lois,* liv. 29, chap. 1er.)

Pendant que nous traçions ces lignes, lord Russel proclamait, au nom du ministère réformateur de 1831, la même vérité à la Chambre des communes d'Angleterre, par ces mémorables paroles : « Nous désirons tenir un *juste*

» *milieu* entre ceux dont le respect fanatique
» pour le passé prétend qu'il n'y a lieu à au-
» cune réforme, et ceux dont le zèle insensé
» affirme qu'il n'y a qu'un plan particulier de
» réforme qui puisse satisfaire le pays. Nous
» voulons fonder entre ces deux écueils une
» bonne et constitutionnelle réforme des abus
» de la représentation. Nous voulons éviter
» également les abus et les renversemens. »
( *Journal des Débats du 6 février* 1831.)

Ainsi voilà l'un des wighs les plus prononcés du Parlement anglais pris en flagrant délit de ce *juste milieu*, qu'en France on envoyait à l'é-chafaud, en 1793, sous le titre de *modéran-tisme*, et qu'on livre aujourd'hui sous son propre nom, aux sarcasmes des journaux, à ceux des caricatures et aux fureurs du peuple (*); en attendant qu'on puisse le faire assassiner encore juridiquement par les tribunaux révolutionnaires. Et c'est à la face de l'Angleterre ;

(*) Témoins les attroupemens formés et les cris de mort proférés contre un député dont l'énergique modération et l'éloquence entraînante étaient un double grief aux yeux d'une faction qui regarde comme bons tous les moyens d'arriver à son but, fût-ce même l'assassinat de ses adversaires. C'est ainsi que *la Montagne* triompha des siens.

sans craindre les railleries d'un peuple tout aussi moqueur, mais plus réfléchi que le peuple français, qu'un célèbre libéral anglais n'a pas craint de se prononcer pour le juste milieu.

« Chaque peuple a son défaut, dit M. de
» Châteaubriand; celui des Français est d'aller
» trop loin, de traverser tout, de se trouver
» de l'autre côté du bien, au lieu de se fixer
» dans ce bien même lorsqu'il le rencontre.
» Au moral comme au physique, nous nous
» portons sans cesse au-delà du but. »

« L'excès (dit un autre auteur qui écrivait en 1814 pour arrêter celui qui nous mena-
çait alors.) » paraît exercer un empire absolu
» sur les Français; et ils doivent, s'ils veulent
» leur repos et leur bonheur, se tenir en garde
» contre ce penchant funeste. »

Ce penchant est connu de l'Europe; elle en calcule les résultats, elle y compte, elle les attend. C'est une politique expectante, qui respectera notre paix aussi long-temps que nous la respecterons nous-mêmes, et pas au-delà....

Mais est-il rien dans ce monde, au moral comme au physique, où le bien ne se trouve dans le juste milieu, entre les deux extrêmes?

N'existe-t-il pas ce juste milieu, entre le calme plat et la tempête, entre l'infiniment grand et l'infiniment petit, entre l'excès du froid et l'excès du chaud, l'excès de l'énergie qui est la violence, et celui de la modération qui est la faiblesse, l'extrême jeunesse et l'extrême vieillesse, entre l'avarice et la prodigalité, la timidité et la témérité, la précipitation et la lenteur? La trop grande franchise ne tombe-t-elle pas dans l'indiscrétion ou la brutalité, la trop grande réserve dans la dissimulation?

Ne risque-t-on pas d'être taxé de loquacité en parlant trop, de taciturnité en parlant trop peu? Ne s'écarte-t-on pas également du juste milieu en parlant comme en agissant trop précipitamment ou trop lentement, en voulant trop ou trop peu? en voulant la guerre à tout prix ou la paix à tout prix? en ne voulant aucune réforme, pas même la plus sage; aucune amélioration; pas même la plus juste; tandis que d'autres veulent la démolition complète de l'édifice social? N'est-il donc aucun milieu entre tous ces extrêmes? Enfin, l'*aurea mediocritas* d'Horace n'est-elle pas le juste milieu entre l'opulence et la misère? (*)

(*) N'est-ce pas faute d'avoir trouvé un juste milieu entre la censure des écrits et la licence de la presse que nous avons eu alternativement l'un ou l'autre de ces deux extrêmes à déplorer, sans jouir un instant des

Eh! qui fut plus partisan du juste milieu entre le despotisme et l'anarchie que l'illustre Général auquel je réponds, lorsqu'en 1792....

bienfaits du terme moyen? Et si on ne l'a pas trouvé, n'est-ce pas faute de l'avoir cherché franchement dans la ligne de démarcation (moins introuvable et plus facile à établir qu'on n'affecte de le croire) entre la lumière qui éclaire et le feu qui dévore?

Cette distinction posée, il n'y aurait plus qu'à définir ce qu'on entend par lumière et par feu, qu'à faire la part de l'un et de l'autre. En spécifiant tous les écrits réputés incendiaires, le législateur les désignerait aussi complètement qu'il est donné à l'homme de le faire; quant aux cas imprévus qui auraient nécessairement échappé à la faiblesse humaine, dans cette loi comme dans toutes celles qui existent, ils resteraient livrés à la jurisprudence des tribunaux, dont le pouvoir discré-tionnaire serait la partie comminatoire de la loi et son plus grand épouvantail pour la malveillance. Une pareille loi serait éminemment libérale, puisqu'elle ne tendrait qu'à consolider la liberté de la presse, en la défendant contre la licence, sa plus mortelle ennemie.

N'est-ce pas faute d'un juste milieu entre les lois trop rigoureuses et une législation trop indulgente, qu'en voulant éviter le premier de ces deux extrêmes nous sommes tombés dans le second, et que nos tribunaux nous offrent journellement le déplorable et monstrueux spectacle d'une sorte d'anarchie légale, je veux dire de l'impunité des coupables et de l'impuissance des lois dans le temple même de la justice?

Mais je m'arrête sur un passé qui lui rappelle,
à lui comme à nous, de trop douloureux sou-
venirs. Puisque j'ai commencé ma réfutation
par quelques maximes devenues la plupart pro-
verbiales, et puisées confusément dans ma
mémoire, je vais finir par quelques autres non
moins utiles, que je puise je ne sais où, et livre
à la méditation de l'illustre Général, ainsi que
de mes lecteurs.

1º Le présent et le passé sont un double té-
lescope au travers duquel l'observateur judicieux
découvre l'avenir.

2º L'expérience prouve que les excès sont
élastiques de leur nature, c'est-à-dire qu'ils
n'ont pas plutôt touché la borne, qu'ils sont
repoussés vers la borne opposée.

3º Le meilleur gouvernement est, en thèse
générale, celui qu'on a (car il n'en coûte rien
pour conserver, il peut en coûter cher pour
changer), sauf toutefois les cas heureusement
rares où le gouvernement qu'on a deviendrait
pire qu'une révolution, et ne laisserait aucune
autre ressource au désespoir.

4º Le mieux en toute chose est l'ennemi du bien,
Et qui veut trop avoir finit par n'avoir rien.

Je demanderai ensuite à l'illustre Général si
sa longue expérience des hommes et des choses

ne lui a pas appris à juger de l'avenir par le passé? s'il a jamais vu les partis extrêmes jouir d'un succès durable, depuis qu'il est sur le théâtre des révolutions? s'ils ne se sont pas, au contraire, toujours perdus par leurs propres excès? s'il n'en est pas une preuve vivante, lui qui a éprouvé les persécutions des uns et des autres? s'il n'a pas vu la royauté renversée une fois, deux fois, trois fois, par les royalistes, la république par les républicains, l'empire de Bonaparte par Bonaparte, l'empire du clergé par le clergé, et tout cela pour n'avoir pas su s'arrêter dans *le juste milieu?*

N'a-t-il pas acquis la preuve que les masses, excitées et employées comme instrumens, ne savent plus s'arrêter; que les excitateurs même finissent par en devenir victimes; qu'elles ne connaissent d'autre liberté que la licence, d'autres lois que celles qu'elles font elles-mêmes, d'autre gouvernement que l'anarchie; et que si elles appellent de leurs vœux la république, c'est comme anarchie organisée? Eh! quelle ré-publique veulent-elles? celle du gouvernement révolutionnaire, qui n'en était pas une; que dis-je! qui la détruisit, en la remplaçant par le plus odieux et le plus sanguinaire despotisme qui ait jamais affligé l'humanité. Quels hommes osent-ils invoquer dans leur délire absurde et liberticide à la fois ? quels noms proclament-ils à la face de la France indignée ? Marat, Danton et Robespierre ! Tels sont les épouvantables noms qui sortent de l'urne de ces épouvantables votans. Ce n'est donc pas la république de Washington qu'ils veulent, mais celle de Robespierre ; ce n'est donc pas la liberté, mais la domination. Eh ! quelle domination, grand dieu ! Où vont-ils prendre leurs modèles ? Pourrait-on le croire, si cette monstrueuse faction ne nous faisait entendre tous les jours ses sinistres projets ; pour ne pas dire ses coupables complots, ourdis à la faveur de l'impunité, mais rendus heureusement impossibles par leur imprudence même, trop voisine de la démence pour pouvoir triompher de la raison et de l'indignation publiques ?

L'illustre Général pense-t-il que la partie la moins réfléchie, la plus licencieuse, et la classe la plus ignare, la plus démoralisée de la société, soient franchement républicaines, qu'elles veuillent de bonne foi le gouvernement qui exige le plus de vertu, promet le plus de liberté réelle, et suppose le plus de soumission aux lois, ainsi qu'aux autorités constituées ? Peut-il espérer les retremper, et faire de ces patriotes insubordonnés de 93 des patriotes de 89 ?

Qui lui garantit que les mêmes causes ne produiront pas les mêmes effets? que le même chemin qui nous a conduits à l'anarchie, et par elle au despotisme, ne nous y ramenera pas encore? Comment peut-il rêver des essais dont nous avons fait, dont il a fait lui-même une si cruelle épreuve?

Les leçons du passé sont-elles donc perdues pour l'illustre Général, dont j'honore autant que personne la juste célébrité? Pourquoi ne trouverait-il pas convenable, aujourd'hui comme jadis, de nous arrêter dans un *juste milieu,* non entre la vérité qui est ce milieu même, et l'erreur qui n'est rien ( un pareil milieu ne pouvant pas plus exister qu'il ne peut se concevoir), mais entre les deux extrêmes, c'est-à-dire entre les funestes excès du pouvoir monarchique, et ceux du pouvoir populaire, plus funestes encore, pour conserver et consolider le système mitoyen que nous avons? Voilà, je le répète, le plus juste comme le plus sage des milieux; voilà le seul moyen de rendre nôtre triomphe durable, sans quoi nous aussi nous ne serons qu'un parti de transition, et un exemple de plus, dans les annales de la France, du danger de ne point s'arrêter *au juste milieu.*

N'oublions pas que si Charles X avait su s'y

arrêter, il serait encore sur son trône, et que le puissant Napoléon lui-même n'est descendu du sien que pour avoir voulu aller trop loin.

A quel degré de dépravation morale et intellectuelle sommes-nous donc arrivés, pour qu'une aussi sage, aussi constante, aussi éternelle maxime reste sans défenseur, et se laisse, pour ainsi dire, tous les jours condamner par défaut (*); que dis-je! n'ose plus se montrer, tandis que l'extravagante et désastreuse absurdité, qui ose elle-même l'attaquer de front et la tourner en ridicule, marche la tête levée, sans trouver sur son chemin un antagoniste à combattre? Serions-nous donc parvenus à ce dernier degré de la civilisation, où elle n'a plus qu'à redescendre, à cet apogée de la perfectibilité humaine, d'où elle semble condamnée par la nature et par l'expérience des temps passés, à retomber dans l'état d'abrutissement et de barbarie qui a été son point de départ?....

(*) Je viens relever le défaut et en appeler du jugement de la Folie au tribunal de la Raison pour réhabiliter, en lui donnant un défenseur, une maxime condamnée faute d'avoir été défendue. *Victrix causa Diis placuit sed victa Catoni.* J'ai voulu retirer enfin cette maxime conservatrice de la boue où on l'a plongée, et où personne n'osait la ramasser crainte de se salir

*P. S.* Nos adversaires, révoltés au seul intitulé de cet écrit, d'après l'état de proscription politique et même grammaticale où est tombé le mot de *juste milieu*, mais convaincus, après sa lecture, des vérités incontestables qu'il renferme, sans vouloir cependant s'avouer vaincus, répondent qu'ils n'attaquent pas le principe, mais seulement l'application qu'on en fait. Eh! qui vous parle d'application? Nous n'entendons, vous n'avez entendu vous-mêmes parler que du principe général, dont nous venons de vous démontrer et l'évidence et l'éternelle durée: or, ce principe auquel vous en voulez, n'est, **en** d'autres mots, que la modération. N'osant plus l'attaquer, honteux de l'avoir combattu, même ridiculisé, avec la foule non pensante, d'avoir dénaturé et le vrai sens du mot et la pureté du principe, vous vous retranchez derrière la fausse application qu'il vous plaît d'en faire à tel ou tel parti, à tels ou tels individus, qui ne sont pas plus que vous dans le juste milieu, centre immuable et nécessaire de toute justice comme de toute justesse. Hors de ce centre, on est dans un milieu excentrique; ce n'est pas un juste, mais un faux milieu, et je vous l'abandonne, prêt à le combattre avec vous, sans autres armes que celles avec lesquelles je viens de vous combattre vous-mêmes.

*L'Ami de la vérité, de l'impartialité, de la raison, de la justice, et par conséquent du* JUSTE MILIEU.

IMPRIMERIE DE LEFEBVRE, RUE DE LILLE, N° 11.